DU DROIT DE REPRODUCTION

EN CAS DE CESSION

DE L'ŒUVRE ORIGINALE PAR L'AUTEUR

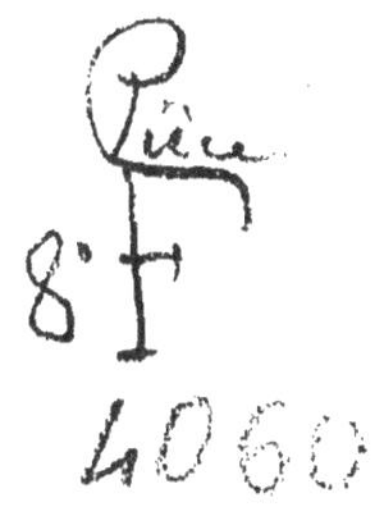

MINISTÈRE DE L'INSTRUCTION PUBLIQUE
ET DES BEAUX-ARTS

DU DROIT DE REPRODUCTION

EN CAS DE CESSION

DE L'ŒUVRE ORIGINALE PAR L'AUTEUR

PAR

M. GEORGES HARMAND

MEMBRE DU COMITÉ
AVOCAT À LA COUR D'APPEL DE PARIS
MEMBRE DE LA SOCIÉTÉ DE LÉGISLATION COMPARÉE
SECRÉTAIRE DE L'ASSOCIATION LITTÉRAIRE ET ARTISTIQUE INTERNATIONALE

Extrait du *Bulletin des sciences économiques et sociales du Comité
des travaux historiques et scientifiques*, année 1905

PARIS

IMPRIMERIE NATIONALE

MDCCCCVI

MINISTÈRE DE L'INSTRUCTION PUBLIQUE
ET DES BEAUX-ARTS

DU DROIT DE REPRODUCTION

EN CAS DE CESSION
DE L'ŒUVRE ORIGINALE PAR L'AUTEUR

PAR

M. GEORGES HARMAND

MEMBRE DU COMITÉ
AVOCAT À LA COUR D'APPEL DE PARIS
MEMBRE DE LA SOCIÉTÉ DE LÉGISLATION COMPARÉE
SECRÉTAIRE DE L'ASSOCIATION LITTÉRAIRE ET ARTISTIQUE INTERNATIONALE

Extrait du *Bulletin des sciences économiques et sociales du Comité
des travaux historiques et scientifiques*, année 1905

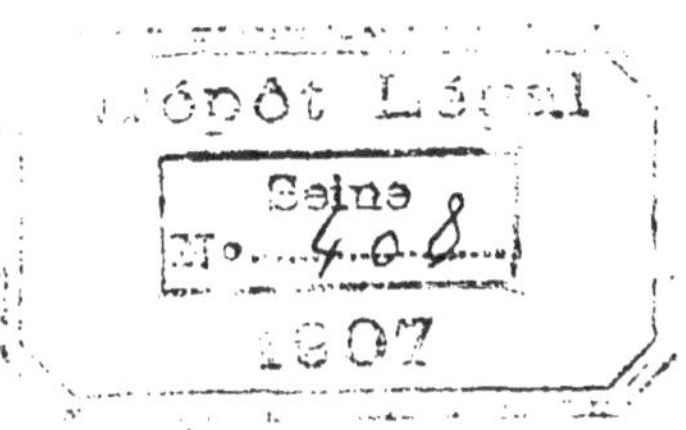

PARIS

IMPRIMERIE NATIONALE

MDCCCCVI

DU DROIT DE REPRODUCTION

EN CAS DE CESSION

DE L'ŒUVRE ORIGINALE PAR L'AUTEUR.

L'ensemble de droits, qui prend le nom de droits d'auteur ou de propriété artistique, comprend pour les artistes les droits de reproduction, d'exposition; ce sont ceux qui apparaissent tout d'abord comme résultat, autant juridique que pratique, de cette sorte de droit intellectuel.

Longtemps on a parlé du droit d'auteur sans en apercevoir le principe: les conséquences étaient affirmées, et à tout prendre les artistes, dont les droits étaient chaque jour mieux compris et mieux protégés par la jurisprudence et les éditeurs, faisaient taire leurs doléances quand ils étaient déçus, pour se reprendre à espérer une meilleure protection que leur accorderait le législateur.

En fait, depuis la loi des 17-24 juillet 1793, qui pour la première fois affirmait le droit de l'artiste sur son œuvre en même temps que le droit de l'écrivain, la durée de la protection comme son extension avaient fait en un siècle d'assez sensibles progrès.

Le législateur de 1793 accordait à l'auteur, aux *peintres et dessinateurs qui feraient graver des tableaux ou dessins, le droit exclusif durant leur vie entière, de vendre, faire vendre, distribuer leurs ouvrages en France et d'en céder la propriété en tout ou en partie.*

Les héritiers ou cessionnaires de l'artiste recevaient pour dix ans, après la mort de l'auteur, la jouissance du même droit.

Le rapport de Lakanal affirme, à la suite du rapport fait par *Chapelier* sur le *décret du 13 janvier 1791, relatif aux spectacles,* que *de toutes les propriétés, la moins susceptible de contestation, celle dont l'accroissement ne peut ni blesser l'égalité républicaine, ni donner d'ombrage à la liberté, c'est sans contredit celle des reproductions du génie...*

Ainsi la réforme si libérale, que la Convention prenait le temps d'accomplir au milieu des préoccupations les plus graves pour le pays envisageait avant tout le droit de reproduction de l'œuvre par son auteur.

Chapelier disait en 1791 : *La plus sacrée, la plus légitime, la plus inattaquable, et si je puis parler ainsi, la plus personnelle de toutes les propriétés, est l'ouvrage, fruit de la pensée d'un écrivain...*

Commencée pour donner satisfaction aux écrivains dramatiques, cette admirable consécration des droits de la pensée avait, deux ans et demi plus tard, englobé dans la même protection tous les écrivains et les artistes.

Chapelier, dans son rapport, invoquait à l'appui de son affirmation, l'exemple de l'Angleterre. En effet, dès 1710, l'auteur d'un livre y était protégé; en 1734 ou 1735 les graveurs au burin ou à l'eau-forte étaient protégés; en 1766 [1] une nouvelle loi protégeait divers genres de gravure, burin, eau-forte, aquatinte et manière noire, et accordait pendant vingt et un ans du jour de la première publication, à *ceux qui imagineraient et dessineraient, graveraient ou feraient d'après leurs travaux et esquisses, dessiner, graver de la manière indiquée, toute estampe historique, portrait, dessin de mœurs ou paysage, sujet d'architecture, carte géographique, carte marine, plan, ou toute autre estampe quelconque.*

La protection accordée par la loi française, comme celle de la loi anglaise, commençait par viser le résultat pratique du droit d'auteur, la reproduction. Mais à cet effet, il était logique de donner une cause, et la jurisprudence dut logiquement, et bien vite, ajouter à ce résultat des conséquences comprises dans l'esprit de la loi.

Il y eut, autour des poursuites en contrefaçon, sous l'effort des conflits entre l'auteur et l'éditeur, ou entre ceux-ci et les contrefacteurs, l'affirmation du droit d'auteur, la reconnaissance du droit du créateur, le respect du droit d'exposition, de signature, de correction et de remaniement, de réplique. — Les magistrats durent distinguer la création, l'inspiration, le plagiat, la contrefaçon, tantôt déguisée, tantôt absolue; le législateur, en accordant la protection de la reproduction, avait évidemment compris dans la loi les principes du droit d'auteur et leurs résultats.

Sans doute, l'affirmation des magistrats subit des étapes; il y eut des retours en arrière, des exclusions injustifiées comme celles dont souffrirent longtemps les œuvres des arts appliqués [2].

Le plus curieux à constater est le long temps écoulé pendant lequel la source des droits reconnus resta incomprise ou innomée.

Ce n'est que dans ces dernières années que l'expression du *droit moral* se fit jour : c'était l'origine du droit d'auteur : les résultats proclamés trouvaient en lui une cause.

Le droit moral [3] a pour raison d'être l'affirmation que l'auteur fait de sa création, et la responsabilité qu'il prend de produire l'œuvre sous son nom : d'où le droit à la signature. Mais en même temps le *droit moral* avait une apparence plus élevée que le droit de reproduction; celui-ci envisageait un résultat pratique, nous pouvons dire monnayé; l'autre était intellectuel,

<hr>

[1] Voir Lyon-Caen et Delalain, *Lois françaises et étrangères*, t. I, p. 301.

[2] La loi du 11 mars 1902 a mis fin aux divergences et aux variations de la jurisprudence à leur égard.

[3] Voir *Bulletin du Comité des travaux historiques et scientifiques*, Congrès des sociétés savantes de 1900, p. 55. Le droit moral de l'auteur, par M. Georges Harmand.

pouvait être désintéressé, et reposait sur la considération des droits dus au respect de la personnalité.

C'est, croyons-nous, dans les congrès internationaux de la propriété littéraire et artistique, et plus particulièrement par M. Jules Lermina, le distingué secrétaire perpétuel de l'Association littéraire et artistique internationale [1], que cette reconnaissance du *droit moral* fut proclamée : trouvaille féconde et affirmation bienfaisante.

Le droit d'auteur en deviendra plus général, plus efficace pour les penseurs et les artistes, car il est dégagé de l'apparence mercantile, que le seul droit de reproduction lui faisait encourir : ce sera, croyons-nous, la plate-forme qui permettra la reconnaissance ou de la *propriété perpétuelle,* ou en tout cas d'un droit de protection plus étendu que celui qui est établi par la loi de 1866. En effet la responsabilité de l'auteur est, on peut dire, éternelle; elle dure autant que sa renommée.

Actuellement le droit d'auteur n'est accordé aux héritiers et à la veuve de l'auteur que pour une période de cinquante ans après la mort de l'auteur; ce délai a été fixé par la loi du 14 juillet 1866.

Un décret du 5 février 1810 avait porté le droit des enfants de dix à vingt ans, et proclamé le droit de la veuve de l'auteur pendant sa vie.

Une loi des 8-18 avril 1854 avait porté le droit des enfants de vingt à trente ans.

Depuis 1866, la durée de la protection n'a plus été prolongée. On a souvent, dans les congrès, proclamé la légitimité d'une prolongation des droits des héritiers; on a proposé successivement quatre-vingts ans, puis cent ans. La propriété intellectuelle est déjà considérée comme perpétuelle dans certains pays comme le *Mexique,* par le Code civil promulgué en 1871; le *Guatémala,* par le décret du 29 octobre 1879, et le *Vénézuéla,* par la loi du 12 mai 1887.

Le *droit moral* de l'auteur consacre le droit pour l'artiste sur l'expression qu'il a donnée à sa pensée, sur la forme sous laquelle il a manifesté ses idées, ses émotions, ses convictions. L'apposition de la signature sur l'œuvre est le signe par lequel l'artiste prend la responsabilité de ce qu'il a produit. Une loi du 9 février 1895 a assuré le respect de la signature apposée par l'auteur sur son œuvre, et puni l'apposition de la fausse signature : encore que la loi n'assure pas la complète répression des atteintes à la signature, elle a du moins posé les bases d'une répression que le législateur pourra rendre plus complète.

Mais la signature ne peut être qu'un signe et non une source de droit, car le législateur a reconnu un droit de protection pour les œuvres anonymes, dont l'auteur peut se faire connaître ultérieurement; et à partir de ce mo-

---

[1] Congrès de Berne, 1897. *Bulletin de l'Association littéraire et artistique internationale.*

ment l'œuvre anonyme jouit de la protection accordée aux autres œuvres.

Notre étude devant porter plus particulièrement sur le droit de reproduction, nous reprendrons tout de suite l'examen de la loi de 1793.

L'une des plus graves questions, que pouvait faire naître le droit de reproduction, se rapporte à la nature de ce droit. Était-il un droit spécial indépendant de la vente et de la détention de l'original; était-il associé à la détention de l'œuvre et la suivait-il aux mains du propriétaire, à défaut par l'artiste d'avoir formulé des réserves au moment de la vente ou de la livraison?

En fait, le législateur n'avait rien exprimé formellement dans la loi de 1793, mais la question fut tranchée par la Cour de Cassation le 27 mai 1842 après bien des hésitations par *un arrêt rendu en chambres réunies et après délibéré en chambre du Conseil;* cette manifestation solennelle de l'avis de la Cour suprême pèse lourdement sur les intérêts des artistes.

L'historique de cette décision mérite d'être exposé avec quelque détail, pour que celle-ci soit bien comprise.

En 1809, les Préteurs du Sénat Conservateur, titre officiel des représentants de la Chambre haute, commandèrent au baron Gros un tableau qui devait représenter la bataille des Pyramides, et le moment où le général Bonaparte les montrant à son armée prononça ces paroles mémorables : *«Soldats, du haut de ces monuments quarante siècles vous contemplent».*

Ce tableau, exécuté en 1809, fut livré en 1810 et mis en place : un détail dont la conséquence a eu une part dans les débats de ce procès doit être signalé. L'artiste avait prévu pour le développement de son sujet des dimensions plus grandes que l'espace que lui réservait l'architecte dans la disposition de la salle, où avec quatre autres il devait décorer la salle des séances et entourer la statue de l'Empereur par Canova.

En 1814 le tableau, les autres tableaux et la statue de l'Empereur disparurent. Ce n'est que beaucoup plus tard, plus de vingt ans après, quand Louis-Philippe dédia le château de Versailles à toutes les Gloires de la France et fit organiser le musée qui s'y trouve actuellement, que le tableau des Pyramides se retrouva aux mains du général Bertrand. L'intendant de la liste civile s'entendit avec le général, qni remit le tableau pour qu'il figurât au musée.

Au moment où Gros apprenait que son tableau allait entrer au musée, il manifesta le désir de compléter sa composition, et concevait l'idée de deux *ajoutés* pour lesquels il fixa un prix supplémentaire. Il fit les esquisses de ces *ajoutés* qui ne furent exécutés qu'après sa mort par son élève, M. de Bay.

Pendant que le tableau était détenu par le général Bertrand, le baron Gros céda au sieur Vallot, son élève, le droit de reproduire par la gravure la bataille des Pyramides telle qu'elle avait été peinte en 1809.

Le sieur Vallot travaillait à sa planche lorsqu'il apprit qu'un sieur Gavard, inventeur d'un nouveau pantographe, avait obtenu la permission de reproduire par la gravure tous les tableaux historiques du musée, et dans la 162° livraison de sa collection il reproduisit le tableau de la bataille des Pyramides avec les *ajoutés*.

En mai 1837 Vallot, invoquant l'autorisation que lui avait donnée le baron Gros, fit défense à Gavard de publier une gravure du tableau. La baronne Gros, se considérant propriétaire des droits d'auteur sur les deux *ajoutés*, se joignit à Vallot.

Par jugement du tribunal civil de la Seine du 23 janvier 1841, la demande de Vallot et de la baronne Gros fut rejetée.

Sur appel, le 22 avril 1841, la Cour de Paris confirma le jugement et posa en principe que, *par la vente sans réserve du tableau, l'auteur transmet à l'acheteur la propriété pleine et entière, avec tous les droits et avantages directs et indirects qui s'y rattachent.*

La Cour se fondait sur ce que le tableau avait été livré par Gros en 1810 sans réserves et exécuté par lui en conséquence de la commande faite par le Sénat; qu'à la suite d'une ordonnance du 4 juin 1814 et de la loi du 8 novembre 1814 le tableau dépendait des biens de la liste civile, déclarés inaliénables; qu'en conséquence le droit de graver avait été concédé par Gros à Vallot longtemps après la vente et la livraison du tableau.

Sur le pourvoi en cassation formé par Vallot et par la baronne Gros, la Cour de cassation, le 23 juillet 1841, reconnaissait que Gros avait conservé ses droits d'auteur et déclarait *que la loi de 1793 établissait en principe que la vente d'un tableau n'emportait le droit de le reproduire par un art distinct, celui de la gravure, qu'autant que le peintre avait cédé ce droit par une stipulation particulière.* La Cour de cassation décidait que Gros ayant cédé à Vallot le droit de graver le tableau, nul autre que lui ne pouvait le graver sans son autorisation [1].

En conséquence, la Cour cassait l'arrêt de la Cour de Paris et renvoyait les parties devant la Cour d'Orléans.

Le 15 décembre 1841, la Cour d'Orléans rendait son arrêt, mais elle reprenait les termes de la décision de la Cour de Paris, déclarant en outre *qu'on ne pouvait concevoir que difficilement un droit légal de reproduction existant au profit de l'auteur et dont néanmoins l'exercice demeurerait presque toujours subordonné à la volonté de l'acquéreur, celui-ci ne pouvant jamais être contraint de mettre à la disposition du vendeur l'objet qu'il avait acheté.*

Ainsi c'était une considération de fait toute accessoire, qui amenait la Cour d'Orléans à reprendre le contre-pied de l'arrêt de la Cour de cassation de juillet 1841.

En effet, qu'importait que l'artiste ne pût contraindre l'acquéreur à lui confier le tableau pour faire la planche gravée ? c'était à l'auteur à procéder

---

[1] Sirey, *Recueil des lois et arrêts*, 1841, 1, p. 561.

à la gravure selon qu'il aviserait : d'après ses esquisses, ou tout autre moyen tel qu'une copie réduite faite avant la livraison.

En fait, encore que l'auteur n'eût pu faire graver le tableau, si l'acquéreur lui refusait de voir l'original pour en tracer la planche, encore que l'auteur se fût trouvé réduit à renoncer à faire la gravure s'il n'avait de son côté aucun document lui permettant de dessiner la planche et de la graver hors la présence de l'original, rien n'obligeait les magistrats à concevoir le droit de reproduction comme l'accessoire inséparable de l'original.

La Cour de cassation avait fait, pensons-nous, un bien meilleur raisonnement dans son arrêt rendu après délibéré en chambre du Conseil, le 23 juillet 1841, dans cette même affaire, lorsqu'elle avait dit : *que la loi spéciale, celle du 19 juillet 1793, règle les droits des auteurs et des peintres ; qu'il est dit dans l'article 1 de cette loi que les peintres et les dessinateurs, qui feront graver des tableaux ou dessins jouiront du droit exclusif de vendre, faire vendre, distribuer leurs ouvrages dans le territoire de la République, et d'en céder la propriété en tout ou en partie ;*

Que cette loi établit donc en principe que la vente d'un tableau n'emporte le droit de le reproduire par un art distinct, celui de la gravure, qu'autant que le peintre a cédé ce droit par une stipulation particulière.

Ainsi donc il apparaissait à la Cour suprême en 1841 que la loi de 1793 avait un but spécial, pour lequel le législateur ne se préoccupait nullement d'exiger de l'artiste qu'il fût détenteur de l'original ; ce droit qui lui était reconnu de vendre, à l'exclusion de tous autres, les gravures ou reproductions de ses tableaux ou de ses dessins, n'était pas envisagé comme une conséquence de la possession de l'original, mais comme une conséquence de la création de l'original et de l'exercice du droit de reproduction.

A coup sûr une telle remarque devait conduire à la conception de deux droits distincts pour le peintre, celui de la possession de l'original du tableau ou du dessin ; celui de la reproduction de ce tableau ou de ce dessin ; en quoi la vente du premier pouvait-il paralyser aux mains du peintre l'exercice ou la jouissance du second ?

Mais, lorsque la Cour de cassation eut rendu l'arrêt du 23 juillet 1841, elle renvoya l'affaire devant la Cour d'Orléans, et cette dernière cour, au lieu de se conformer à l'arrêt de la Cour suprême, reprit la théorie de la Cour de Paris du 22 avril 1841 [1] : *la vente sans réserve du tableau entraîne l'aliénation de tous les avantages directs ou indirects qui se rattachent au tableau, et parmi eux le droit de reproduction.* La Cour d'Orléans y ajouta la théorie, reprise par la Cour suprême dans son arrêt définitif du 29 mai 1842, *que l'on concevrait difficilement l'existence d'un droit de reproduction aux mains*

---

[1] Sirey, dej. cit. 1842, I, 385.

*de l'artiste, droit que l'acheteur pouvait paralyser parce qu'il ne pouvait être
contraint de tenir l'original à la disposition de l'artiste, après l'aliénation.*

Devant la Cour de cassation, M. le procureur général Dupin fit les plus vifs
efforts pour faire triompher cette dernière thèse : il l'appuya de considérations
générales tirées du goût des amateurs, acheteurs de tableaux, de leur désir
d'attirer chez eux les jeunes artistes pour leur donner à étudier les tableaux de
leurs galeries, et aussi de ce qu'ils sauraient, aussi bien que l'artiste, choisir le
graveur qui reproduirait le tableau [1]; il concéda, il est vrai, que le tableau
pouvait être mal gravé par le graveur choisi par l'amateur, mais il se rejeta
en ce cas, sur cet argument que le tableau, mal gravé, n'en conserverait pas
moins son mérite artistique, et qu'ainsi que les plus belles pièces de
théâtre avaient leurs parodies, de bons tableaux auraient leur mauvaise
gravure.

A ces considérations générales, M. Dupin ajouta une théorie de droit
fortement appuyée sur l'article 1602 du Code civil : en cas de doute dans
une vente, ce doute se résout contre le vendeur ; ici l'artiste est vendeur,
il doit donc stipuler clairement tout ce qu'il entend vendre et ce qu'il entend conserver.

En fait cet arrêt fut néfaste. Si l'on compte le nombre de tableaux reproduits par le soin des amateurs, le nombre en est insignifiant, il y a à cela
deux raisons décisives : d'abord l'amateur envisagera que la dépense de
faire graver une planche par un bon artiste, dépense qui s'élève toujours à
plusieurs milliers de francs (une planche soignée vaut souvent de 15,000
à 30,000 francs), ne saurait être entreprise par lui qu'à la condition qu'il
fasse commerce des épreuves tirées avec la planche. Si un amateur a jamais
tenté cela, il a dû se rendre compte des lenteurs d'un tel lancement, du
réel effort de publicité qu'il faut faire; et sans doute il n'aura jamais re-
commencé.

Il y a une autre raison grave : le nombre d'amateurs, ayant acheté un
tableau directement de l'artiste, est beaucoup moindre que le nombre d'amateurs possédant des tableaux achetés dans des ventes publiques, ou à des
marchands.

Or il est admis sans discussion que si l'artiste a fait graver le tableau
avant l'aliénation de l'œuvre, l'acquéreur ne peut avoir comme accessoire
de la possession du tableau, le droit de reproduction. Comment un amateur, ayant acheté un tableau d'un marchand ou dans une vente publique,
peut-il être sûr que jamais le tableau n'a été gravé ou reproduit? S'il entre-
prend de le faire graver alors, et nous venons de dire ce que cela peut
coûter, l'amateur peut être contrefacteur, si une première reproduction lui

[1] Quel était l'amateur si généreux et si bienveillant que pouvait connaître
M. le Procureur général ? Nous verrons plus loin, p. 67, que sans doute l'État
seul répondait au portrait que faisait des amateurs en général, M. Dupin.

est révélée : et par présomption, il sera réputé contrefacteur; il lui faudra prouver sa bonne foi, il risquera de n'établir que son *imprévoyance*.

A ces considérations de fait, s'ajoute une raison tirée de l'essence même du sentiment du collectionneur. Il est presque toujours plus désireux de jouir des tableaux qu'il possède, que d'en multiplier les reproductions : et les plus épris de cette jouissance artistique ont plus de satisfaction d'une propriété exclusive que d'une possession partagée avec le public. Ce sentiment est évidemment fort excusable; il faut, au point de vue général, se réjouir de cette passion qui nous a assuré la conservation de tant d'œuvres du passé, arrachées au dédain des siècles qui ont précédé; de cette passion qui nous conserve tant d'œuvres de nos grands artistes, qui partiraient au delà des mers et que nous ne reverrions plus qu'au prix de longs et coûteux déplacements; de cette passion aussi, qui assure la sauvegarde d'une réserve d'art considérable; mais il ne faut pas lui demander des conséquences que la valeur des objets possédés, le soin pris de les conserver, le luxe dont ils sont entourés, ne sauraient comporter : l'admission du public à partager avec le propriétaire les jouissances que l'amateur considère comme la rémunération de son soin et de sa dépense, gâterait à cet amateur la plus forte partie de son plaisir : il faut le reconnaître. Il est juste d'ajouter que sa sécurité serait bien diminuée.

Le problème grave, qui se pose à la suite de l'arrêt de 1842, est donc bien formel : ou l'artiste conservera le droit de reproduction que la loi de 1793 lui accorde, et il ne sera considéré comme ayant aliéné ce droit que si une stipulation formelle de cession l'en a privé : ou la reproduction des tableaux sera restreinte, comme nous le voyons, aux seuls tableaux reproduits par les soins de marchands de tableaux et d'estampes, qui auront, le plus souvent, fait graver un tableau, quand un gros succès au Salon aura mis en relief l'œuvre et préparé l'édition.

Bien des tableaux ont rencontré la célébrité, quand depuis longtemps le peintre les avait exposés et vendus et qu'ils avaient passé en diverses mains.

Ces tableaux-là seront alors soustraits à l'admiration du public, qui ne les verra qu'à de longs intervalles, dans des ventes de grandes collections ou dans des expositions rétrospectives, qui le plus souvent ne se produisent que dans les expositions universelles.

Quelles reproductions en aura le public? Bien souvent aucunes; le plus souvent les tableaux, qui sont reproduits dans ces circonstances, sont hâtivement gravés ou reproduits à l'aide de procédés de photogravure, dans des catalogues d'exposition et des journaux illustrés ou des revues d'art : de telles reproductions n'ont le plus souvent qu'une valeur documentaire.

Il faut convenir qu'il en résulte une perte considérable pour la jouissance artistique du pays, une perte encore plus considérable pour les auteurs de ces tableaux. Il y a aussi pour notre école de gravure un grave préjudice.

On a agité depuis trois ans bien des projets de donner aux artistes malheureux un soutien ; on a pensé mettre sur la vente des tableaux et même des objets d'art, un droit qui leur serait remis et qui leur permettrait de voir sans émotions trop pénibles, une œuvre, qu'ils avaient vendue quelques centaines de francs, atteindre en vente publique des prix s'élevant à des centaines de mille francs, lorsque à l'heure de ces ventes glorieuses ils seraient atteints par la misère. Ce projet n'a pas encore abouti, il a été très contesté.

Voici, croyons-nous, une réforme qui donnerait aux artistes un réconfort légitime ; elle mérite d'être prise en considération.

Si l'artiste peut attendre que l'acquéreur précise les droits qu'il veut ajouter à la possession de l'œuvre originale, il pourra toujours apprécier en connaissance de cause les concessions qu'on lui demande : dans ces conditions il aura le plus souvent l'occasion de ne les céder qu'à un prix, qui viendra s'ajouter à celui qu'il demandait pour l'original.

Il pourra aussi, et c'est là l'avantage réel pour lui de ce système, réfléchir à la cession demandée, et s'il se soucie d'exercer son droit de reproduction, en refuser la cession à l'acquéreur de l'œuvre originale, qui, dans la plupart des cas, tiendra avant tout à l'original, et ne se préoccupait du droit de reproduction que pour se le réserver et n'en pas faire usage.

Cette question du droit de reproduction, dans l'affaire de la *Bataille des Pyramides*, était complexe. L'État avait été possesseur du tableau en 1810, le tableau en outre était entré au Musée de Versailles avant le procès ; et sans doute M. le procureur général Dupin, en parlant des généreux amateurs, désireux d'accueillir les jeunes artistes, et de leur donner à copier les tableaux de leur galerie, pensait plus à l'État qu'aux simples particuliers.

Nous ne serions pas étonné que ces circonstances spéciales aient fait dévier l'intérêt du débat, et que l'arrêt de 1842 ait été fait plus pour l'État que pour les simples particuliers.

C'est qu'en effet la question a pour les artistes au regard de l'État une importance considérable.

Si l'on définit l'État «une collectivité de simples particuliers», il est manifeste que si la question du droit de reproduction avait été résolue par la première décision de la Cour de cassation du 23 juillet 1841, les artistes, même lorsqu'ils vendent à l'État leurs œuvres, auraient conservé leur droit de faire graver le tableau exposé dans un musée et de le reproduire à l'aide de tous procédés.

Ce que l'État a besoin d'assurer, c'est pour les élèves d'art, la faculté de copier, pour leur éducation, les œuvres des musées ; cela sera toujours accepté avec la plus grande facilité par les artistes : cela ne peut en rien leur préjudicier, si l'on considère que les élèves d'art n'ont aucune raison de faire commerce de ce droit d'étude. Du moment que la faculté d'étudier leur est assurée, il n'est nullement nécessaire qu'ils puissent avoir le droit de négocier ces copies, de les reproduire ou d'en céder le droit de reproduction. Il est juste qu'ils puissent signer la copie, accomplie par eux, de leur nom avec l'adjonction des mots : *d'après tel auteur :* ce n'est que pourvue de cette mention bien apparente, que la copie effectuée par l'élève pourrait être aliénée.

D'autant plus que des précautions peuvent être prises pour que cette faculté de copie soit concédée aux élèves d'art. Pour la sécurité même de l'État, possesseur de véritables trésors d'art, il apparaît comme indispensable de réglementer ce droit de copie; il semble indiscutable que les copies des élèves d'art ne doivent ni reproduire l'original en même grandeur ni sur une toile ou un panneau pouvant permettre ultérieurement des confusions avec l'original, et cela afin que toute supercherie ou toute équivoque ne puisse résulter de l'exercice de ce droit légitime d'étude.

Dès que l'État a assuré l'extension de l'enseignement artistique à l'aide des musées, nous pensons qu'il doit songer aux artistes, par qui les musées sont une source féconde d'enseignement. Il vaut mieux indiscutablement leur laisser la jouissance de leur droit de reproduction que d'en assurer le monopole à quelques éditeurs, qui d'ailleurs, nous l'allons voir, n'en peuvent jouir que dans des conditions bien insignifiantes.

En effet, de ce que l'État est actuellement propriétaire du droit de reproduction de la plupart des œuvres exposées dans les musées, il résulte que l'usage du droit de reproduction appartient à tous; c'est en effet la conséquence juridique de la possession par l'État-collectivité d'un droit privatif.

Dès lors qu'un éditeur jouissant de ce droit de reproduction exécute une reproduction soignée et artistique d'un tableau exposé dans un musée, il a fait des frais importants (dix ou vingt mille francs peuvent être dépensés pour la confection de la planche et le tirage des épreuves); il faut donc que les épreuves de cette gravure soient vendues un prix relativement élevé, si le tirage n'atteint qu'un chiffre restreint; ou bien que le nombre des épreuves soit très élevé pour que le prix soit abordable.

Dans le premier cas, les épreuves peuvent être recherchées, mais le nombre des personnes, dont l'éducation artistique profitera de cette reproduction, sera infime; dans le second cas, le nombre des amateurs sera plus élevé; mais dans les deux cas l'éditeur devra attendre un temps assez long avant de rattraper les frais exposés.

Comme la reproduction est libre, qu'un autre éditeur entreprenne à bas prix une reproduction médiocre du même tableau; il pourra, profitant du mouvement que le premier éditeur aura créé autour du tableau reproduit, vendre des épreuves en assez grand nombre, il mettra à la disposition d'un assez grand nombre de personnes la satisfaction d'art que le tableau peut procurer, mais par cela même il peut nuire gravement au lancement de la gravure coûteuse du premier éditeur.

La crainte de ce résultat retiendra certainement les éditeurs d'entreprendre des reproductions soignées.

C'est, je crois, un fait indiscutable, que les tableaux de l'école moderne que l'État possède dans les musées en nombre relativement considérable, n'ont guère été l'objet de reproductions soignées : beaucoup même n'ont pas été l'objet de reproductions photographiques rémunératrices. Nous croyons en avoir indiqué la raison économique la plus évidente.

Qu'au contraire, l'auteur du tableau reste propriétaire des droits de reproduction, sous réserve de cette faculté d'étude réservée aux élèves d'art, la situation changera évidemment.

Tout d'abord l'auteur choisira avec plus de discernement un graveur, un procédé de reproduction, que toute autre personne. La réputation du tableau, entré au musée, donnera à ces reproductions surveillées par l'artiste, une consécration qui ne peut qu'attirer la clientèle des curieux et des amateurs. Les frais entrepris par l'artiste, assuré d'un droit privatif, seront plus aisément exposés, plus facilement récupérés : et l'artiste pourra toujours, sûr de son droit personnel, reproduire à l'aide de différents procédés, les uns donnant des épreuves d'un prix plus élevé, les autres donnant de nombreuses reproductions à bas prix. Ainsi l'éducation artistique de la nation serait assurée dans une large mesure que le système actuel n'a pas produite.

Et les éditeurs au surplus, en devenant cessionnaires des artistes, aideraient à cette diffusion avec une sécurité que le système de la liberté actuelle ne comporte pas, nous pensons l'avoir démontré.

Y a t-il quelque chose qui s'oppose actuellement à la mise en œuvre de notre proposition? Nous ne le croyons pas.

Depuis peu d'années seulement, au cours du ministère de M. Bardoux, le 3 novembre 1878, un règlement fut élaboré, et les artistes, en vendant à l'État, signent le plus souvent une formule abandonnant à celui-ci tous leurs droits de propriété artistique.

Nous disons «le plus souvent», parce que certains artistes ont fait des réserves, et la jurisprudence a, d'une façon constante, admis que ces réserves étaient possibles[1].

Il suffirait que la formule d'achat par l'État stipulât seulement la libre faculté de copie au profit des élèves d'art, pour que le but de l'État soit rempli.

Quant aux œuvres dans les musées, nous ferons deux observations :

Tout d'abord le nombre de tableaux existant dans les musées, dont les

[1] Voir notamment l'arrêt Le Sourd et Cie du Palais de l'Industrie c. Goupil et Masson. 5 juin 1855. Dalloz, 1857.2.28.

auteurs sont décédés depuis plus de cinquante ans, limite actuelle du droit
de propriété artistique, est considérable. Les éditeurs, le public pourraient
donc exercer un droit de libre reproduction sur un nombre considérable
d'œuvres d'une valeur artistique telle que si quelque nécessité de libre reproduction était reconnue, il lui serait donné à coup sûr une ample satisfaction.

D'autre part, il existe, et il existera toujours dans les musées, des
œuvres pour lesquelles le droit de copie ou de reproduction ne sera pas
abandonné au public, tant que l'auteur vivra, et pendant le délai de protection *post mortem*. Nous voulons parler des œuvres qui sont entrées dans
les musées par acquisition, donation ou legs, postérieurement à la cession
par l'auteur à un tiers de son droit de reproduction [1].

La question s'est présentée, il y a environ vingt-cinq ans, pour un groupe
de Barye, qui était exposé au musée du Luxembourg. Un éditeur de bronzes
d'art s'opposa à ce que le conservateur du musée autorisât la libre reproduction de ce groupe : il était le cessionnaire des droits de reproduction
de l'auteur antérieurement à l'entrée du groupe dans le musée; l'État
ne pouvait donc abandonner au public ce qu'il ne pouvait avoir acquis lui-
même [2].

L'État, pour ces œuvres d'art, donne au public la libre jouissance de
leur vue, l'éducation artistique qu'ils peuvent communiquer ainsi : c'est
déjà en somme la plus grande partie de l'utilité du musée.

Ce que nous venons de dire sert à démontrer que rien ne serait compromis du but que l'État se propose, en entretenant à grands frais les
musées, s'il mettait en œuvre ce que nous proposons.

Ajoutons en outre qu'il est accordé déjà aux sculpteurs dans leur contrat de vente à l'État, le monopole de la reproduction de l'œuvre vendue
en une taille déterminée. C'est un acheminement à la solution que nous
proposons, qu'il était intéressant de signaler.

Quant à l'État, il ne fait que bien rarement reproduire les œuvres d'art
des musées par la gravure ou par l'édition : sa mission, à cet égard, serait
aussi difficile à remplir que coûteuse : il serait, au surplus, bien délicat de
déterminer quelles œuvres modernes devraient être reproduites de préférence aux autres, car jamais le budget disponible ne permettrait la repro-

---

[1] M. Georges Bertrand, auteur du tableau intitulé *Patrie*, a vendu à l'État
un tableau en 1881, mais le droit de reproduction avait été aliéné auparavant
à un éditeur.

La Cour de Paris, par arrêt du 20 mai 1889, a condamné comme contrefacteurs des photographes qui avaient reproduit le tableau après qu'il avait été exposé au musée du Luxembourg. Voir *Annales*, 1893, p. 225.

[2] Il doit en être de même des bronzes du même artiste exposés au Louvre
dans les salles de la collection Tommy Thierry.

D'ailleurs, toutes les fois que l'État ne possède qu'une reproduction, un bronze,
une médaille, la question peut se présenter.

duction de toutes les œuvres des musées. L'État voulût-il reproduire, le plus sage alors pour les administrateurs ou les conservateurs des musées, serait de consulter l'auteur de l'œuvre, sur le mode de reproduction : dès lors il vaut, à tous égards, mieux laisser l'auteur pratiquer cette reproduction.

D'autant plus que, dans le système actuel, l'auteur, comme toute la collectivité, peut reproduire son œuvre, une fois entrée dans les musées : il est un tiers comme les autres, il peut faire ce que le public peut faire. S'il n'en use pas plus souvent, c'est, ainsi que nous l'avons déjà dit, que les frais de reproduction sont trop élevés pour produire des reproductions artistiques, tant que la libre concurrence donne à l'auteur la sensation qu'il est imprudent d'en exposer la dépense.

Au surplus, si jamais l'État venait à s'organiser pour faire ces reproductions, il aurait avec les merveilles des écoles anciennes tant de besogne qu'il est facile d'envisager qu'à leur reproduction les crédits disponibles seraient, pendant longtemps, employés : et la reproduction de ces chefs-d'œuvre, définitivement acquis au domaine public, légitimerait l'effort de l'État, puisqu'il ne pourrait songer à laisser les auteurs de ces œuvres, depuis longtemps disparus, jouir d'un droit quelconque.

Nous indiquons d'ailleurs qu'une autre question intéressante se poserait à l'occasion de ces œuvres anciennes, c'est celle du domaine public payant ; nous pensons la traiter en détail en d'autres circonstances. Nous voulons dire dès à présent que la cession par l'État d'un droit de reproduction par un procédé déterminé au profit d'un éditeur pendant un temps à fixer, moyennant une redevance assez faible, serait une conception légitime. L'État, détenteur des œuvres du passé, peut mettre quelques restrictions en vertu de son droit de détention, à la pratique du droit de copie reconnu au public : ces restrictions prendraient la forme d'une redevance, et c'est cette redevance qu'on a proposé d'appeler *le domaine public payant*.

Cette redevance produirait la première mise de fonds d'une caisse d'achats des musées ou de secours aux artistes, dont l'utilité est certaine.

A cet égard diverses sociétés, comme le Syndicat de la presse artistique et la Société des amis du Luxembourg, se sont occupées de cette question et ont proposé, pour venir en aide aux artistes, à leurs veuves ou à leurs héritiers, lorsqu'ils sont dans le besoin, divers moyens dont la presse a longuement parlé depuis près de trois ans : ainsi que nous l'avons dit, p. 13 [1], on a préconisé l'institution d'un droit qui frapperait les aliénations en vente publique des œuvres d'art.

On a fait ressortir la facilité d'assurer la perception de ce droit à l'aide des bordereaux des commissaires-priseurs et autres officiers publics, qui peuvent procéder à ces ventes.

Mais on a manifesté en sens contraire l'appréhension de gêner les trans-

[1] Page 67 du *Bulletin du Congrès des Sociétés savantes*, Congrès d'Alger, 1905.

actions, de détourner les acquéreurs. On a également indiqué que toutes les négociations privées seraient dispensées de cette redevance. On a aussi relevé les difficultés de trouver une base certaine et juridique à ce droit, que l'on a qualifié de véritable impôt déguisé : porterait-il sur le prix de vente ou sur la différence entre le prix originaire et la plus-value acquise par l'œuvre dans les ventes publiques? Ce sont là des questions qui rendent bien délicate l'adoption de cette mesure.

Elle aboutirait d'ailleurs, comme les autres moyens proposés, à des formalités, démarches pour déclarations, appositions de timbres, délivrances de reçus, tenue de registres, qui ont toujours apparu aux artistes comme de graves obstacles ou des restrictions à leur droit de propriété artistique et de libre négociation de leurs œuvres.

Avant de mettre en pratique ces timbres, poinçons ou registres de déclaration, n'est-il pas plus simple de laisser à la disposition des artistes des droits qui leur profiteraient, qui leur reviennent à tous égards plutôt qu'aux autres membres de la collectivité, et qui ne seront jamais mieux pratiqués que par eux-mêmes?

A l'égard des acquéreurs d'œuvres d'art, doit-il être procédé autrement qu'à l'égard de l'État? Nous ne le pensons pas.

Tout d'abord, ainsi que nous venons de le dire : qui saurait mieux que l'artiste, auteur de l'œuvre, assurer sa reproduction dans les meilleures conditions artistiques?

Mais l'amateur sera-t-il lésé si, quand il entre en possession de l'œuvre, l'auteur conserve le droit de reproduction?

Disons tout d'abord que l'amateur ayant la possibilité de stipuler que ce droit de reproduction lui sera cédé, ou encore qu'il ne sera utilisé par l'artiste, sans l'assentiment du possesseur, qu'après un délai déterminé ou même jamais, peut satisfaire aisément ainsi son désir de s'assurer une jouissance plus complète des satisfactions artistiques que comporte l'œuvre acquise.

Pour nous, il nous semble nécessaire que l'acquéreur, en stipulant sur ce point, mette l'auteur à même de comprendre l'étendue ou l'importance du sacrifice qu'on lui demande.

Car l'auteur n'a pas seulement en vue, quand il produit son œuvre originale, de se contenter du prix de l'œuvre et de la réputation qu'elle peut lui valoir : il a le droit légitime de se préoccuper de la satisfaction morale et pécuniaire que la reproduction de l'œuvre peut lui apporter : c'est un point que la jurisprudence a affirmé nettement[1].

Lors du procès de la baronne Gros et de Vallot contre Gavard on avait cité, pour donner aux magistrats l'appréciation de l'importance qu'avait déjà le droit de reproduction en 1841, quelques exemples.

[1] Voir un jugement du Tribunal civil de la Seine du 16 décembre 1899. Agnès dit A. Sorel, c. Fayard frères. *Annales,* 1900, p. 361.

On leur citait : la *Bataille d'Austerlitz*, dont le tableau fut payé 40,000 francs et dont la reproduction avait produit plus de 200,000 fr., l'*Odalisque* de Ingres, dont le tableau avait été payé 1,200 francs et dont le droit de gravure avait été vendu 24,000 francs. Ces exemples avaient contribué à amener l'arrêt libéral du 23 juillet 1841.

Si ces chiffres étaient importants à cette époque, ils ont été bien souvent dépassés depuis : nous avons pu avoir connaissance de droits de reproductions acquis 100,000 francs et 150,000 francs à des artistes comme Meissonnier, Dagnan-Bouveret, dans les vingt dernières années.

Il semble évident que des œuvres dont le prix originaire fut peu élevé, comme celui des tableaux de Millet si réputés depuis, sont susceptibles aujourd'hui de donner des droits de reproduction considérables.

Doit-on considérer comme accessoire un droit susceptible d'une valeur souvent plus considérable que celle de l'original? Ce n'est là qu'une considération étrangère au droit : elle a cependant son importance.

Mais à coup sûr l'argument admis par la Cour de cassation en 1841 a une grande portée juridique : le droit de reproduction, reconnu à l'auteur et à ses héritiers, ne repose pas, pour le législateur de 1793, entre leurs mains par suite de la détention de l'original. Ce droit est donc étranger à cette possession.

Enfin comme il est certain que bien souvent l'amateur ne fera pas usage de ce droit de reproduction : que le plus souvent sa jouissance artistique est voisine de l'égoïsme : que l'amateur veut être heureux chez lui et pour lui : que sa jouissance s'associe étroitement à l'idée de l'inviolabilité de son domicile : que s'il veut offrir à ses amis de participer à sa satisfaction, il n'y donne pas accès au public : et que la reproduction lui apparaît souvent comme une communication au public de son droit de jouissance, signalons un nouvel inconvénient de l'état de choses actuel.

Nous avons dit que bien peu d'œuvres modernes se trouvent avoir été gravées, et cependant combien d'œuvres anciennes ont bénéficié d'une valeur plus grande, pour la raison qu'elles avaient été gravées au temps où l'auteur les produisait! en combien de circonstances la représentation d'une épreuve de la gravure du tableau n'a-t-elle pas servi à rendre à l'original une authenticité que l'on contestait! Les amateurs savent que quand ils retrouvent la gravure d'un tableau ancien souvent non signé, ils donnent à ce tableau une valeur plus grande; les détails de l'œuvre gravée confirment l'authenticité de la peinture représentée, fixent sa qualité d'œuvre originale et le nom de son auteur : cela est arrivé pour nombre d'œuvres du xvii⁰ et du xviii⁰ siècle.

L'amateur aurait donc avantage à ce que ses tableaux aient été reproduits par la gravure, cela lui assurerait dans l'avenir une sécurité. Il est vrai qu'à en juger par les exemples que nous donnons, c'est à une assez grande distance du temps où l'œuvre fut créée que cet avantage a surtout son effet.

Notre observation cependant met aussi en relief l'intérêt qu'a l'artiste à faire graver son œuvre, car il assure ainsi la transmission de sa personnalité, la consécration de son droit d'auteur. Lui seul peut invoquer à cet égard son droit moral : il y a, lui, un intérêt direct.

L'amateur n'a donc pas, en réalité, de raison sérieuse d'en priver l'auteur : cela était suffisant à dégager pour amener cette conclusion.

Ainsi nous sommes arrivés à établir que l'auteur a, plus que l'acquéreur, des raisons de faire graver son œuvre : il a plus de jugement sur le mode de reproduction; que la détention de l'original n'est pas la base du droit de reproduction; que l'artiste, pour céder un droit plus important souvent en valeur que celle de l'œuvre originale, doit être mis en éveil par une stipulation expresse [1].

Tant que la jurisprudence ne sera pas amenée à trancher cette question du droit de reproduction par un nouvel arrêt dans le sens de celui du 23 juillet 1841, l'arrêt du 27 mai 1842 constituera pour les artistes le danger que nous venons d'exposer.

Or, si l'on se souvient des nombreuses décisions rendues dans l'affaire de la baronne Gros et Vallot contre Gavard, on peut penser qu'avant que l'on engage des frais de procédure considérables pour parvenir à amener ce changement de jurisprudence, beaucoup de temps peut encore s'écouler. Il serait préférable que le législateur, à l'imitation de certaines législations étrangères, décide que *l'aliénation de l'œuvre originale n'entraîne pas cession, au profit de l'acquéreur, des droits de propriété artistique qui, sauf stipulation expresse contraire, restent à l'auteur* [2].

Il n'est pas d'ailleurs certain que la Cour suprême reviendrait au système de l'arrêt de 1841, et à supposer qu'elle y revînt, il resterait toujours à craindre qu'elle ne retournât, une autre fois, au système de l'arrêt de 1842.

Une loi, seule, fixerait le juge en lui imposant sa décision.

En attendant la loi générale successivement préparée par MM. Philippon et Bardoux, et dont l'examen semble encore bien éloigné, une telle loi rendrait aux artistes un véritable service. Aussi serions-nous heureux que cette étude contribuât à hâter le vote de cette loi.

Georges HARMAND.

[1] La loi autrichienne du 26 décembre 1895, art. 18, impose une mention expresse pour la transmission à l'acquéreur des droits de reproduction et de multiplication. Dans le même sens, *loi norvégienne*, 4 juillet 1893, art. 28.

[2] Cette formule a été à bien des reprises adoptée dans les congrès de propriété littéraire et artistique tenus sous les auspices de l'Association littéraire et artistique internationale.